Pasteur Bamouni Babou

Appelés à vivre sous la Grâce

Pasteur Bamouni Babou

Appelés à vivre sous la Grâce

Éditions Croix du Salut

Cover image: www.ingimage.com

Publisher:
Éditions Croix du Salut
is a trademark of
Dodo Books Indian Ocean Ltd., member of the OmniScriptum S.R.L Publishing group
str. A.Russo 15, of. 61, Chisinau-2068, Republic of Moldova Europe
Printed at: see last page
ISBN: 978-620-3-84251-7

Appelés à vivre sous la Grâce

Pasteur Bamouni Babou

DEDICACE

A mes bien-aimés !

A Mon épouse Céline, une mère formidable et une remarquable femme de Dieu qui m'encourage sans cesse dans le grand appel de Dieu sur ma vie.
A Michael Alexandre, Josué Séraphin et Elisée, mes enfants que je chéris tendrement. Ils sont mes trésors. Ils me réjouissent.
Aux adolescents du monde entier qui souffrent et tous les jeunes qui ont le cœur brisé ; à tous ceux que le cancer et le paludisme font agoniser.
A Tous les frères et sœurs en Christ qui, sans la précision des Ecritures vivent dans le flou et sont aujourd'hui des proies faciles du diable et des faux docteurs.
A Pasteur Luigi Palmieri et son épouse Isabelle qui demeurent un bel exemple pour moi.
A Pasteur Carl H.Stevens, fondateur du ministère GGWO.
A Pasteur Kompaoré Boenzemwendé Freeman ancien président de la Fédération des Eglises et Missions Evangéliques et Commandeur de l'ordre National, un homme plein d'humilité avec un réel attachement aux Ecritures.
A Pasteur Steve Scibelli le directeur des Mission de GGWO un excellent enseignant de la Parole de Dieu.

Préface

Appelés à vivre sous la grâce est l'intitulé de l'ouvrage du Pasteur Bamouni Babou. Ouvrage que vous tenez entre les mains. Le préfacer est pour moi une grâce.

La grâce vient toujours : gratuite, sans conditions, non méritée. Et pour vous aussi, c'est une grâce de le lire. Tout est grâce, disait Augustin, théologien nord-africain du 5è siècle.

Cet ouvrage, présente avec précision et avec simplicité la grâce dans tous ses états : celle qui sauve le pire des coupables et le fait découvrir sa valeur et sa dignité et celle qui sans complaisance l'exhorte à ne plus pécher.

Cet ouvrage arrive à l'heure de Dieu. Il répond aux plus grands besoins des chrétiens d'aujourd'hui. De nombreux croyants sauvés par la grâce vivent cependant dans la médiocrité n'ayant pas compris les bénéfices qu'offre l'œuvre accomplie. Et des blessés, des méprisés, des rejetés ne rencontre-t-on pas dans les communautés chrétiennes ? Pour tous ceux-ci, cet ouvrage affirme sans ambages que la grâce est disponible.

Cet ouvrage, doctrine de la grâce digeste et pratique incite le lecteur à s'approcher du Dieu de toute grâce, assis sur le trône de la grâce. Là, la grâce coule à flots. Là, la miséricorde est obtenue, la grâce est trouvée et on est secouru dans ses besoins.

Vous découvrirez en lisant cet ouvrage la faveur de Dieu qui avec persistance donne la vie, élève du niveau le plus bas jusqu'au plus haut sommet : l'image de Jésus.

Que le Père de grâce, vous donne de comprendre que tout est par la grâce. Qu'il vous aide à saisir sa grâce afin de vivre toutes les situations survenant dans votre vie par la grâce. Telle est ma prière pour vous.

Que le Dieu de toute grâce, revête encore de grâce, le pasteur Babou Bamouni de puissance, afin de prêcher encore et encore en toute occasion : la grâce, le seul message valable.

Pasteur Kompaoré Boenzemwendé Freeman

Introduction

Nous voulons tous changer pour le meilleur et nous allons pour la plupart du temps à nos propres efforts.

Le vieux dicton « Chassez le naturel et il revient au galop » est une réalité pour beaucoup d'entre nous. La Bible dit que la tête entière est malade et que le cœur est souffrant et tortueux…
Esaïe 1 : 5 - 6 « *Quels châtiments nouveaux vous infliger, Quand vous multipliez vos révoltes ? La tête entière est malade, Et tout le cœur est souffrant.*
De la plante du pied jusqu'à la tête, rien n'est en bon état : Ce ne sont que blessures, contusions et plaies vives, Qui n'ont été ni pansées, ni bandées, Ni adoucies par l'huile. »
Jérémie 17:9 « *Le cœur est tortueux par-dessus tout, et il est méchant : Qui peut le connaître ?* »

L'homme ne peut se changer lui-même. Bien qu'il puisse changer de comportement momentanément, il ne peut pas changer ses dispositions intérieures.

Par ce livret nous tenterons de démontrer que seule la grâce peut changer les motivations profondes d'un individu et lui donner l'espoir de ne plus rester le même.

L'œuvre Accomplie de Jésus-Christ

Si nous voulons parler avec Précision de la Grâce il nous faut avant tout comprendre l'œuvre accomplie de Jésus-Christ.

« **Quand Jésus eut pris le vinaigre, il dit:** Tout est accompli. **Et, baissant la tête, il rendit l'esprit. » Jean 19:30**

Le mot « Accomplir »: en grec **TELEO** signifie avoir achevé, **être accompli**, payer, amener à une fin, finir, terminer, réaliser, exécuter, compléter, réaliser la dernière action qui complète une œuvre, accomplir. Il signifie également fini, passé et payé.

Christ a satisfait la justice de Dieu en mourant pour tous. Il est mort pour nos péchés. Et les péchés ne peuvent être payés qu'une fois, soit par un substitut ou par soi-même. Les péchés ne peuvent plus jamais être condamnés car ceci serait une violation de la justice de Dieu.

« Tout est accompli. » **Le verbe est ici au temps parfait et à la forme passive:**

- **le « parfait »** indique une action terminée dans le passé, une fois pour toutes, et celle-ci n'a pas besoin d'être répétée.

Le dernier cri de Jésus sur la croix, ***TETELESTAI*** ("tout est accompli !" est le meilleur exemple du parfait: l'expiation a été accomplie, complètement, une fois pour toutes.

- **la "voix passive"** indique que le sujet subit l'action.

Jean 19 :30 "TOUT EST ACCOMPLI" ce court verset est le résumé de tout l'évangile.

Ici Jésus ne dit pas : "j'ai terminé" ; comme voulant parler de sa tâche, sa responsabilité. Mais il parle de l'œuvre dans son ensemble englobant toute l'humanité et toutes les circonstances et tout le prix qu'exige la justice de Dieu.

Jésus parlait de son œuvre de Rédemption qui était achevée maintenant à la croix. C'est pourquoi nous croyons que le plan de création de l'homme ne s'est pas achevé le sixième jour dans le jardin d'Eden, mais à la croix avec la mort de Jésus-Christ, qui a donné la possibilité à celui qui le veut, de devenir parfaitement parfait (en comparaison à la perfection d'Adam qui était parfait mais qui pouvait être tenté et capable de pécher).

On a retrouvé des reçus d'impôts sur papyrus portant le mot **Tételestai** signifiant **" entièrement payé ".**

Dieu peut maintenant nous faire les promesses les plus extraordinaires et nous devons les croire et les confesser car tout a déjà été accompli, payé, solutionné.

Ce n'est plus à moi d'accomplir de bonnes œuvres pour obtenir, mais simplement de croire comme Jésus l'a dit à Marthe, à Marie et aux autres.

« Soyez parfaits comme votre père céleste est parfait. » **Matthieu 5:48**

Nul homme ne le sera jamais ici-bas. Seul un acte surnaturel peut le produire et c'est la norme unique pour entrer dans le royaume de Dieu.

Mais aucune œuvre humaine ne tiendra devant l'exigence de Dieu à moins de connaître le mot magique.

Les gens sont friands de mots magiques mais ce ne sont que des illusions, de pâles imitations de ce que Dieu seul peut faire dans un homme.

Mais par le mot divin « Tételestaï »:

- *Ce qui est perdu est retrouvé*
- *Ce qui est condamnable est justifié.*

- Ce qui est sans valeur devient précieux.
- Ce qui est vil devient saint.
- Ce qui est impossible devient possible.
- Ce qui est humain devient divin.
- Ce qui est désespéré devient espoir.

Dans ce mot grec réside toute ma vie et toute la vôtre.
Tout est englobé dans ce mot merveilleux:
- Nos péchés.
- Nos problèmes.
- Nos circonstances difficiles.
- Nos besoins.
- Nos maladies.

Trois petits mots : *"TOUT EST ACCOMPLI"*

(A) TOUT: Tout ce que nous pouvons imaginer et ce que nous ne pouvons imaginer.
- Nos péchés **I Pierre 2:24**
- Nos circonstances **Romains 8:28 - Romains 8:35**
- Nos besoins **Philippiens 4:19 - Psaume 23**
- Nos faiblesses **Hébreux 4:15-16**

(B) EST: Le temps parfait dans lequel Dieu veut que nous opérions.

Dans **Jean 11** il nous est raconté l'histoire merveilleuse de la résurrection de Lazare.
Quand Jésus fut arrivé dans le village de Béthanie où habitait Lazare, il rencontra Marthe qui lui reprocha de ne pas avoir été là quand son frère était malade. Mais de toute façon elle croyait dans un avenir meilleur.

Marthe ainsi que Marie qui tinrent le même raisonnement, vivaient soit dans le passé qui n'existe plus, soit dans le futur qui n'appartient pas aux hommes. Mais Jésus voulait les amener à vivre dans le présent éternel, le **EST** constant.

Nous ne vivons pas dans le présent éternel car nous ne savons pas chanter le mot spécial **TETELESTAI.**
Mais que veut dire ce mot ?
Veut-il dire que nous pouvons faire ce que nous voulons, comme nous voulons ? NON !!!
Cela veut dire que Dieu a préparé une provision afin de me faire vivre une vie surnaturelle. Dieu hait le péché, mais Il aime celui qui met en Lui sa confiance, et Il ne le décevra Jamais. Dans quel temps êtes-vous ? Quelle heure est-il chez vous ?

Chez moi c'est le temps de **TETELESTAI** et **c'est l'heure de la GRACE ! Matthieu 8:13 - Matthieu 9:22 - Matthieu 10:19 - Matthieu 15:28 - Matthieu 17:18**
Tous ces passages nous rapportent des histoires merveilleuses où des gens comme vous et moi ont vu des choses se passer à l'heure même où ils ont rencontré l'auteur de ce mot spécial, de ce chant merveilleux.

(C) ACCOMPLI

Accomplir: TELEO

Avoir achevé, être accompli, avoir accompli, payer, être consommé,
Amener à une fin, finir, terminer, passé, compléter, accomplir, (pour que la chose faite corresponde à ce qui a été dit, ordonné, commandé etc.) Réaliser la dernière action qui complète une œuvre, achever.

C'est tellement important que nous comprenions qu'il n'y a plus rien à ajouter, rien à modifier, rien à transformer, rien à achever.
Tout est à saisir par la foi. Il nous faut comprendre que pour chaque situation Dieu a une provision particulière.

La Grâce est prophétisée

« Les prophètes, qui ont prophétisé touchant la grâce qui vous était réservée, ont fait de ce salut l'objet de leurs recherches et de leurs investigations, voulant sonder l'époque et les circonstances marquées par l'Esprit de Christ qui était en eux, et qui attestait d'avance les souffrances de Christ et la gloire dont elles seraient suivies. » **1 Pierre 1:10-11**

Tous les saints de l'Ancien temps enviaient ce temps, la preuve : *« ils ont fait de ce salut l'objet de leurs recherches et de leurs investigations»!*
Ils n'ont pas étudié le passé, mais l'époque à venir!
Nous sommes dans cette période. Tous les saints de l'Ancien Testament sont invités aux noces de l'agneau, mais seule l'Eglise sera assise à la table.
« **Sonder l'époque** ». Regardons deux mots pour le temps dans le grec

- **Kronos** – succession de moment,
- **Kairos** – Saison, temps limité

Les prophètes tentaient de comprendre une période délimitée dans le temps, où les gens seraient bénis au-delà de toute mesure.
« ...voulant sonder l'époque et les circonstances marquées par l'Esprit de Christ qui était en eux, et qui attestait d'avance les souffrances de Christ et la gloire dont elles seraient suivies. »
1 Pierre 1:11

Les prophètes attendaient un messie souffrant mais aussi la gloire qui s'en suivrait.

Après la croix, on voit une période de gloire dans cette période de la grâce. Cette économie de temps nous donne de vivre le profond amour de Dieu.

En parallèle, Satan a mobilisé toutes les forces de l'enfer pour aveugler les gens sur la gloire de cette bonne nouvelle, pour que nous ne voyons pas dans quel temps nous sommes. *« Si notre Evangile est encore voilé, il est voilé pour ceux qui périssent ; pour les incrédules dont le dieu de ce siècle a aveuglé l'intelligence, afin qu'ils ne vissent pas briller la splendeur de l'Evangile de la gloire de Christ, qui est l'image de Dieu. »* **2 Corinthiens 4 :3 - 4**

La grâce de Dieu transforme

La grâce, C'est **d'être** d'abord, ensuite vient la dimension **de faire** ou **d'accomplir.**

« Car la loi a été donnée par Moïse, la grâce et la vérité sont venues par Jésus-Christ. » **Jean 1 :17**

« Car la grâce de Dieu, source de salut pour tous les hommes, a été manifestée. » **Tite2 :11**

Nous avons la possibilité d'être transformés par une gloire à l'intérieur :

Nous tous qui, le visage découvert, contemplons comme dans un miroir ***la gloire*** *du* ***Seigneur,*** *nous sommes transformés en la même image,* ***de gloire en gloire,*** *comme par le Seigneur, l'Esprit.* **2 Corinthiens 3:18**

Nous sommes transformés de gloire en gloire. Nous sommes dans ce processus.

Les croyants se divisent et se disputent. Ils parlent dans le dos les uns des autres... Et ils disent ensuite qu'ils ne voient pas la gloire de Dieu.
S'ils entrent par la vue dans l'église, ils ne verront pas la gloire de Dieu. La vue ne peut pas apprécier le travail de la grâce dans la vie des gens. Ce sont des choses qui ne sont pas montées au cœur de l'homme. Nous devons nous repentir d'être trop préoccupés par les faiblesses et les fautes des autres. Que Dieu nous pardonne de vouloir faire payer à ceux qui nous ont offensés ! Que Dieu nous pardonne de vouloir retenir la grâce tant que l'offenseur n'a pas changé à notre égard !

Quelques définitions de la Grâce:

Le Mot *Grâce* en Grec *Charis* signifie *faveur*. Et c'est une faveur imméritée qui est basée sur le caractère de Dieu qui donne et non sur le caractère de celui qui reçoit. Et nous savons qu'il s'agit d'une capacité divine que nous avons pour vivre la vie de Dieu, car l'homme par lui-même ne peut pas vivre la vie divine.

La grâce de Dieu est présente dans l'Ancien Testament. Le mot **CHEN** qui parle de la beauté et du côté attrayant de la faveur qui est libre et sans cause, sinon de Celui qui la donne. **(Genèse 1 – Genèse 11).**

Nous voyons alors en tout cela ce que le Père est libre de faire pour ses enfants, en se basant sur sa souveraineté et sur l'œuvre accomplie de Jésus-Christ.

La grâce de Dieu agit librement selon Sa propre nature. Nous voyons clairement dans les Écritures, que la grâce part de qui **Dieu Est**. Elle n'est pas faire, mais **être** d'abord.

Allons à la précision afin de révéler que la grâce de Dieu dépend avant tout du Caractère de Dieu lui-même et de l'œuvre accomplie au Calvaire. Et une bonne compréhension de la grâce nous amène à réaliser que celle-ci n'est jamais méritée. La grâce de Dieu est reçue par la foi en Dieu dans une écoute sérieuse de la Parole de Dieu.

Le Croyant, par une étude soigneuse des Ecritures découvre que celles-ci sont enracinées dans un fil conducteur de la Genèse à l'Apocalypse qu'on peut appeler la grâce de Dieu.

C'est pourquoi nous voulons parler de la *grâce **en** Dieu* pour considérer la nature et le caractère de Dieu avant de parler de la *grâce **de** Dieu* qui concerne son action envers l'humanité entière. La Grâce n'est pas une licence pour pécher.

Le Dieu de toute grâce

« Et maintenant je vous recommande à Dieu et à la parole de sa grâce, à celui qui peut édifier et donner l'héritage avec tous les sanctifiés.» **Actes 20 :32**

« à qui nous devons d'avoir eu par la foi accès à cette grâce, dans laquelle nous demeurons fermes, et nous nous glorifions dans l'espérance de la gloire de Dieu.» **Romains 5 :2**

Certains pasteurs que j'ai rencontrés ont prêché l'Evangile durant des années sans comprendre le vrai sens de la grâce de Dieu. Les relations brisées à cause de la méconnaissance de la grâce sont nombreuses. Personnellement, je reste à l'écoute de Dieu chaque jour pour comprendre le message de l'œuvre accomplie.

La grâce **en** Dieu : La grâce est ce que Dieu **est** avant d'être ce qu'il **fait**.

Dieu donne la grâce, parce qu'Il est lui-même Grâce. Et c'est la nature et le caractère de Dieu qui sont révélés dans la manifestation de la grâce.

« que la grâce et la paix vous soient multipliées par la connaissance de Dieu et de Jésus notre Seigneur.» **2 Pierre 1:2**

Le fondement de la grâce est, **qui Dieu est dans Sa nature**. Tous Ses attributs sont recouverts de Sa grâce.
« Dieu sera toujours Lui-même et la grâce est un attribut de Son être saint. Il ne peut pas dissimuler Sa grâce, pas plus que le soleil ne peut dissimuler son éclat »

Il est le Dieu de toute grâce, nous dit **1Pierre 5 :10** *« Le Dieu de toute grâce, qui vous a appelés en Jésus–Christ à sa gloire éternelle, après que vous aurez souffert un peu de temps, vous perfectionnera lui–même, vous affermira, vous fortifiera, vous rendra inébranlables. »*

Jésus est plein de grâce en **Jean 1 :14** *« Et la parole a été faite chair, et elle a habité parmi nous, pleine de grâce et de vérité ; et nous avons contemplé sa gloire, une gloire comme la gloire du Fils unique venu du Père ».*

La grâce de Dieu est la chose la plus belle qui soit. La grâce c'est la Nature de l'Eternel : c'est ce qu'Il Est. C'est Dieu au Calvaire donnant Sa vie pour nous.

La grâce de Dieu dans son action

« Car la loi a été donnée par Moïse, la grâce et la vérité sont venues par Jésus–Christ. » **Jean 1 :17**

La grâce **de** Dieu : Dieu nous la donne. Nous partageons alors les attributs de Dieu. Il n'y a pas d'autres moyens pour transformer un homme en dehors de la grâce. La grâce de Dieu vient en moi, affecte toutes mes dispositions et touche tout ce que je suis.

Il s'agit du doigt de Dieu qui touche nos dispositions profondes que le naturel ne peut influencer. Lorsque nous décidons de recevoir la grâce de Dieu, de l'assimiler, de la comprendre et de vivre en elle par la foi, nous pouvons voir l'action produite par la sagesse infiniment variée de Dieu.

Il n'y a pas d'autres moyens pour être transformé. Nous pouvons voir des exemples simples en pensant à **Moïse, à David et à l'Apôtre Paul.**

Les dispositions doivent d'abord être changées et ensuite vient la transformation. Les psychiatres sont très limités. Ils vont vous apprendre des comportements, mais ne peuvent pas changer toutes les dispositions de l'être humain.

Seule la grâce peut changer toutes les dispositions. Les églises légalistes mettent l'emphase sur la vie extérieure des gens. Elles essaient de mettre des gens en règle. Et c'est justement une méconnaissance de Christ Jésus. À chaque fois que Jésus communiquait la grâce, les vies étaient changées.

Quelques exemples frappants, dans les Ecritures.

Zachée

Voyons un homme comme Zachée : Personne ne pouvait le changer. Une seule rencontre avec Jésus et cet homme n'était plus le même. La grâce a atteint l'essence même de son être.

Il veut redonner quatre fois ce qu'il a volé sans que notre Sauveur le lui demande :

« Mais Zachée, se tenant devant le Seigneur, lui dit : Voici, Seigneur, je donne aux pauvres la moitié de mes biens, et, si j'ai fait tort de quelque chose à quelqu'un, je lui rends le quadruple. » **Luc 19:8**

La femme adultère

Une autre histoire extraordinaire c'est le récit de la femme adultère : Nous lisons dans **Jean 8 :10- 11**

« Alors s'étant relevé, et ne voyant plus que la femme, Jésus lui dit : Femme, où sont ceux qui t'accusaient ? Personne ne t'a–t–il condamnée ?
Elle répondit : Non, Seigneur. Et Jésus lui dit : Je ne te condamne pas non plus : va, et ne pèche plus. »

Heureux vraiment sont ceux que Christ ne condamne pas. La faveur de Christ pour nous dans le pardon des péchés passés devrait prévaloir sur nous ; alors va, et ne pèche plus.

Prêche le message de la grâce et les gens vont servir et donner leur vie quatre fois plus que tu ne l'avais demandé.

Le prophète Esaïe

Nous le voyons dans Esaïe 6:5-7 Son iniquité est enlevée, et son péché est expié.

« Alors je dis : Malheur à moi ! Je suis perdu, car je suis un homme dont les lèvres sont impures, j'habite au milieu d'un peuple dont les lèvres sont impures, et mes yeux ont vu le Roi, l'Éternel des armées.
Mais l'un des séraphins vola vers moi, tenant à la main une pierre ardente qu'il avait prise sur l'autel avec des pincettes.
Il en toucha ma bouche, et dit : Ceci a touché tes lèvres ; ton iniquité est enlevée, et ton péché est expié. »

Le cœur de Dieu est que chaque croyant soit transformé quotidiennement car nous avons chaque jour tendance à vivre dans notre tempérament naturel.

Lorsque je suis rempli du Saint Esprit, Jésus Christ va prendre le dessus sur mon tempérament naturel.

Tout ce qui occupe ma pensée et qui prend le dessus sur Jésus-Christ va produire la mort et non la vie. (**Inquiétudes, désirs, culpabilités, mauvaises opinions de soi, etc...)**

Paul était en prison et confessait que ce qui le faisait vivre… c'était Christ. **Cf.**

« Selon ma ferme attente et mon espérance que je n'aurai honte de rien, mais que, maintenant comme toujours, Christ sera glorifié dans mon corps avec une pleine assurance, soit par ma vie, soit par ma mort ; car Christ est ma vie, et la mort m'est un gain. » ***Philippiens 1 :20-21***

Si vous trouvez Christ, vous trouvez la vie ; ce n'est pas d'une circonstance favorable qui change dont vous avez besoin. Ce dont vous avez besoin, c'est la vie de Christ dans les situations.

Cela c'est vivre de notre grande priorité (Christ) qui a une puissance de transformation.

Le manque de transformation est causé par l'ignorance.

- *Pourquoi Dieu permet des situations dans ma vie ?*
- *On se plaint de notre sort et on ne trouve pas de réponses à nos questions.*

On ne trouve pas de réponse en dehors de Christ.

« Christ est ma vie ».

Les questionnements éternels ne transforment pas. Les raisonnements sont erronés. Nous devons nous asseoir et écouter, et celui qui est appelé et équipé, parler.

Les réponses sont dans l'œuvre de la Rédemption

En ***Genèse 1 :2*** Il ne vient reprocher à personne l'état *« informe et vide ».* de la planète. Il vient donner des définitions dans Genèse 1 : 3-31

Et en ***Genèse 2 :1*** nous lisons : *« Ainsi furent achevés les cieux et la terre, et toute leur armée. »*

Nous sommes souvent *«informes et vides»* dans notre expérience de chaque jour et c'est le résultat de la négligence, les fruits de nos mauvais choix et les péchés cachés.

« Après avoir autrefois, à plusieurs reprises et de plusieurs manières, parlé à nos pères par les prophètes, Dieu,
dans ces derniers temps, nous a parlé par le Fils, qu'il a établi héritier de toutes choses, par lequel il a aussi créé le monde . » ***Hébreux 1 :1-2***

Toutes les réponses de Dieu sont dans la Rédemption. *«Dieu, dans ces derniers temps, nous a parlé par le Fils »*

Pendant que l'homme accuse Dieu de lui avoir donné une femme et que la femme accuse Dieu d'avoir créé le serpent... Dieu prépare une solution.
Il fait la promesse : **Genèse 3 :15.** Jésus le messie va venir et il va gagner la bataille. Il paie notre dette et triomphe du malin.
« Christ est ma vie ». ***Philippiens 1 :21***
Dieu a une promesse pour ma vie. Les gens ne trouvent pas la solution, car ils magnifient les problèmes.
Tant que Christ n'est pas magnifié, tant qu'Il n'est pas celui qui me fait vivre, je n'ai pas de réponses à mes questions.
Pour l'apôtre Paul, hors de la prison, Christ est sa vie et en prison, Christ est sa vie.

Plusieurs épîtres ont été écrites en prison... Sans la prison, pas d'épîtres.... Dieu sait que la réponse est dans la **Rédemption.** Dieu rachètera cette situation pour bénir son église.

On constate à un certain moment que beaucoup de gens ne viennent pas à l'église car ils ont peur du qu'en dira t'on; (de ce que les gens penseront d'eux). Ils démontrent par là que Jésus-Christ n'est pas celui qui les fait vivre. Nous savons que plusieurs croyants vivent selon leurs opinions et leurs préférences naturelles.

« La crainte des hommes tend un piège, mais celui qui se confie en l'Éternel est protégé. » **Proverbes 29:25**

« Lorsqu'il a fait sortir toutes ses propres brebis, il marche devant elles ; et les brebis le suivent, parce qu'elles connaissent sa voix. » **Jean 10:4**

Je serai transformé si je ne laisse rien d'autre que le plan Rédempteur prendre le contrôle de mes pensées.

Dieu vient initier la définition, il communique la vie par ses paroles.

Si je goûte à la vie, je peux complètement changer de disposition :

J'étais vide… je suis rempli!
J'étais dans le flou… j'ai une Direction!
J'étais triste… je suis consolé!
J'étais en colère… je suis apaisé!
J'étais souillé… je suis pur!
J'étais sans solution… j'ai la rédemption comme solution!

Je reçois de qui Dieu Est, je reçois Sa grâce, je deviens comme Christ!

Dieu va Créer en moi une capacité pour la vérité par la grâce

Jean 8 :1-11...

1. Jésus se rendit à la montagne des oliviers.
2. Mais, dès le matin, il alla de nouveau dans le temple, et tout le peuple vint à lui. S'étant assis, il les enseignait.
3 Alors les scribes et les pharisiens amenèrent une femme surprise en adultère; (8-4) et, la plaçant au milieu du peuple,
4 ils dirent à Jésus: Maître, cette femme a été surprise en flagrant délit d'adultère.

5. Moïse, dans la loi, nous a ordonné de lapider de telles femmes: toi donc, que dis-tu?
6 Ils disaient cela pour l'éprouver, afin de pouvoir l'accuser. Mais Jésus, s'étant baissé, écrivait avec le doigt sur la terre.
7 Comme ils continuaient à l'interroger, il se releva et leur dit: Que celui de vous qui est sans péché jette le premier la pierre contre elle.
8 Et s'étant de nouveau baissé, il écrivait sur la terre.
9. Quand ils entendirent cela, accusés par leur conscience, ils se retirèrent un à un, depuis les plus âgés jusqu'aux derniers; et Jésus resta seul avec la femme qui était là au milieu.
10 Alors s'étant relevé, et ne voyant plus que la femme, Jésus lui dit: Femme, où sont ceux qui t'accusaient? Personne ne t'a-t-il condamnée?
11 Elle répondit: Non, Seigneur. Et Jésus lui dit: Je ne te condamne pas non plus: va, et ne pèche plus.

La vérité est un outil vraiment coupant ; bien utilisée, elle peut vous rendre libre. Pour ce faire, celui qui la prodigue doit être rempli de l'expérience du caractère gracieux de Dieu.

Quand nous confions nos âmes à des hommes qui ne connaissent pas la grâce de Dieu nous ne serons pas formés mais déformés.

Il nous faut connaître la grâce pour avoir la capacité de marcher dans la vérité.

N'ai-je pas déjà pour toi mis par écrit des conseils et des réflexions
Pour t'enseigner des choses sûres, des paroles vraies, afin que tu répondes par des paroles vraies à celui qui t'envoie? **Proverbes 22:20-21**

Les *« choses sûres »* pourraient aussi se lire *« des choses pesées »*. Cela réfère à une Justice qui transcende la rigidité de la Loi.
L'auteur nous donne des conseils et nous pousse à réfléchir pour appliquer la loi : traiter raisonnablement plutôt que légalement avec la loi.

«Ne croyez pas que je sois venu pour abolir la loi ou les prophètes ; je suis venu non pour abolir, mais pour accomplir» ***Matthieu 5 :17***
Il a accompli la loi, pas parce qu'elle était mauvaise, mais personne d'entre nous ne pouvait l'accomplir.

Galates 4 :4 *– Jésus vivait sous la dispensation de la loi.*
Matthieu 3 :15 *– Jésus est venu pour accomplir la justice.*
Romains 10 :4 *– Il est la fin de la Loi.*
Romains 10:4 *– Car Christ est la fin de la loi, pour la justification de tous ceux qui croient.*
Romains 8 :4 *La loi est accomplie en nous mais pas par nous.*
Jésus a accompli la Loi pour que nous puissions vivre sous la grâce.
Voici un exemple où Jésus a été au-delà de la rigidité de la Loi :
Jean 8:2 *Mais, dès le matin, il alla de nouveau dans le temple, et tout le peuple vint à lui. S'étant assis, il les enseignait.*

Jésus est assis et cela symbolise une figure d'autorité. Les gens sont assis en respect pour l'écouter. Des pharisiens viennent briser l'onction, ils sont en réaction à cause du péché. Ils apportent la vérité de Moïse sans la grâce.

Utiliser la vérité pour accuser ne guérit pas

Il n'y a rien de plus dangereux que d'utiliser la Parole de Dieu pour trouver le péché dans la vie d'une personne. Satan cherche ce genre de croyant pour briser les capacités des autres.

Ils disent : *cette femme a été surprise en flagrant délit d'adultère*; (ils l'emmènent devant tout le monde. Elle est humiliée). Celui qui vit de la vérité seulement, sans la grâce, n'est pas gêné de traîner la réputation d'une personne dans la boue. Il peut vous humilier devant les autres sans scrupule.

V.5 *–5. « Moïse, dans la loi, nous a ordonné de lapider de telles femmes: toi donc, que dis-tu?»*

Moïse, dans la loi, nous a ordonné....

Ils veulent être bibliques.

Un pasteur disait ceci : « les gens veulent savoir ce que nous faisons avec ceux qui vivent dans le péché... Les gens veulent savoir si nous frappons sur les gens qui pèchent... si nous répondons non, ils ne reviennent plus... » .

Nous ne voulons pas que cet esprit entre dans l'église ; nous ne retenons pas ces gens-là.

Vouloir que les autres paient pour leurs fautes, révèle une forme d'insécurité.

Une personne qui tient absolument à ce qu'on corrige une autre qui a échoué ne peut vivre une véritable sécurité en Christ... car un jour, elle aussi échouera et ne sera pas capable de se relever...

Elle aura utilisé la Bible pour faire un procès à ceux qui ont échoué, elle sera elle-même sous le jugement qu'elle a fait aux autres. Ce n'est qu'une question de temps. Il nous faut considérer la grâce et la vérité.

Au **v.5** – *« Moïse, dans la loi, nous a ordonné de lapider de telles femmes: toi donc, que dis-tu?»*

On n'est pas responsable de cela, nous ne voulons qu'être bibliques.

Le texte révèle au **verset 6** qu'ils disaient cela pour l'éprouver. Jésus écrit sur le sable. Il demande que celui qui est sans péché *(état continuel d'être sans péché)* lui lance le premier la pierre. Pas « ceux qui n'ont pas péché aujourd'hui ». Il réécrit à nouveau sur le sol.

Les érudits disent que la première fois, il aurait écrit la loi suivie de son commentaire. Comme personne ne pouvait lancer de pierres, les commentateurs pensent que **pour la deuxième fois,** Jésus a écrit au sol des paroles de grâce.

« *Quand ils entendirent cela, accusés par leur conscience, ...* »

Jésus savait éveiller leur conscience. Jésus démontre aux pharisiens comment eux-mêmes n'aimaient pas l'humiliation publique. **Jean 8:9**

Alors s'étant relevé, et ne voyant plus que la femme, Jésus lui dit: ***Femme,*** *où sont ceux qui t'accusaient? Personne ne t'a-t-il condamnée?* **Jean 8:10**

L'expression « **Femme** » n'est pas une parole insultante mais une parole gentille et pleine de grâce, c'est ce même mot que Jésus a utilisé pour dire à Marie que Jean était son nouveau fils dans **Jean 19 :26.** « *Jésus, voyant sa mère, et auprès d'elle le disciple qu'il aimait, dit à sa mère : Femme, voilà ton fils* ».

Ses paroles sont pleines de grâce, Il ne lui parle pas selon son péché.

Bien qu'Il démontre un caractère gracieux, Il va dire quelque chose d'important au verset **11.**

Elle répondit: Non, Seigneur. Et Jésus lui dit: Je ne te condamne pas non plus: va, et ne pèche plus. **Jean 8:11**

Il lui a dit des paroles pleines de grâce et de vérité. Il ne lui a pas fait grâce pour encourager le péché. La Vérité dite dans la grâce créera une capacité pour suivre Dieu.
Grâce + Vérité = Capacité

La grâce et la vérité me donnent la capacité de m'approcher de Dieu. Une personne qui se sent indigne ou qui a toujours besoin de servir pour gagner de la valeur auprès de Dieu ne connaît pas la grâce. Elle quittera éventuellement l'église car il vit dans la condamnation.

Nous ne pouvons pas faire un pas de plus dans la vie chrétienne, si nous ne sommes pas convaincus de cette vérité : *« Il ne me condamne pas »*
(Romains 8 :1).

Nous n'avons pas de capacité pour marcher avec une personne qui nous condamne. Si nous avons l'impression que le pasteur nous condamne, nous n'aurons aucune capacité pour aller de l'avant sous son pastorat.

L'esprit de grâce doit œuvrer en nous pour que nous puissions nous approcher librement de Lui et Le servir avec des mains pures. ***Il veut que vous disiez :***
« Il ne me condamne pas »,
« Il veut que je me relève »,
« Il efface mon passé et Il veut que je reparte en neuf ».
« Il veut que je m'approche de lui »,
« Il regarde ce que je vais devenir si je saisis Sa grâce dans ma vie ».

Il dit à la femme : « Je t'aime, mais Je ne veux plus que tu agisses ainsi. *Va et ne pèche plus* »

« Car le péché ne dominera pas sur vous, parce que vous n'êtes pas sous la loi, mais sous la grâce ». **Romains 6:14** Version Darby
La grâce dit : « tu n'es plus obligé d'être dominé par la culpabilité de ton péché, marche maintenant».

La Grâce délivre de la culpabilité et la vérité délivre de toute habitude de pécher.

Satan sait très bien que la vérité vient affranchir **(Jean 8 :32)** et il fera tout pour en éloigner tout croyant en le faisant croire que les gens le jugent. Quand un croyant a péché, il a l'impression que tout le monde le sait. **Satan** promeut l'isolement loin de l'église afin qu'il ne reçoive pas la liberté qui vient de la vérité. La première chose que Jésus fait quand Il parle avec cette femme, c'est de l'amener à se sentir non condamnée.

La vérité nous enseigne à ne pas pécher...

Mes petits enfants, je vous écris ces choses, afin que vous ne péchiez point. **1 Jean 2:1**

Les légalistes l'utiliseront pour faire le procès des gens... mais regardez la deuxième partie de ce verset...

Et ***si*** *quelqu'un a péché, nous avons un avocat auprès du Père, Jésus-Christ, le juste.*

La vérité est là pour nous garder du péché! La grâce nous relève si nous avons péché!

Dans le grec, **si**, signifie: ***« cela peut arriver et cela arrive ».***

Si Jésus-Christ ne nous condamne pas, est-ce que nous pouvons condamner les gens? Nous grandissons soit dans la Grâce soit dans la justice propre.

Si une personne ne grandit pas dans la grâce, elle grandira dans la justice propre. La justice propre c'est de comparer notre justice à celle des autres.

Quand elle est exprimée, on se sentira pire que l'autre ou mieux que l'autre.

Les pharisiens avaient trouvé une personne pire qu'eux, cela leur donnait un certain prestige, une certaine justice.

« Nous n'osons pas nous égaler ou nous comparer à quelques-uns de ceux qui se recommandent eux-mêmes. Mais,

en se mesurant à leur propre mesure et en se comparant à eux-mêmes, ils manquent d'intelligence. » **2 Corinthiens 10:12**

Quand on commence à se comparer à quelqu'un de meilleur ou de pire, on manque d'intelligence.

Vous verrez toujours des personnes dans le besoin d'accuser une autre personne pour se recommander elles-mêmes. Ces personnes veulent être sûres que les gens les trouvent plus juste. Elles ne veulent jamais prendre la place du coupable pour sauver des relations. Elles aiment mieux perdre des amitiés de longue date que de perdre la face. La justice propre est proclamée par le moi, elle n'est pas celle de Dieu.

La justice de Dieu nous a tous placés au même niveau, à la position de juste et de saint devant Dieu à cause de son Fils. Il n'y a pas un plus juste et un moins juste.

« Il nous a aussi rendus capables d'être ministres d'une nouvelle alliance, non de la lettre, mais de l'esprit; car la lettre tue, mais l'esprit vivifie.» **2 Corinthiens 3:6**

La vérité utilisée dans un esprit de justice propre tue la capacité spirituelle.

Quelqu'un qui utilise la vérité dans un esprit de justice propre va tuer la capacité de son prochain et ce dernier n'avancera pas dans sa marche avec Dieu.

« Tous ceux qui veulent se rendre agréables selon la chair vous contraignent à vous faire circoncire... » **Galates 6:12**

Celui qui vit de la justice propre va toujours mettre l'emphase sur les pratiques extérieures : Les vêtements, les cheveux ou tout comportement extérieur. On ne trouvera jamais la vie dans des églises où cela se pratique.

Celui qui change la grâce de Dieu en dérèglement révèle sa perdition.

« Car il s'est glissé parmi vous certains hommes, dont la condamnation est écrite depuis longtemps, des impies, qui changent la grâce de notre Dieu en dissolution, et qui renient notre seul maître et Seigneur Jésus-Christ. » **Jude 4**

On entend parfois des gens dire *« Même si je pêche, la grâce de Dieu est là. »* Si quelqu'un pense comme cela il révèle, que sa condamnation est certaine. **Jude** ne dit pas que ce sont des croyants qui ne comprennent pas la grâce, il dit que ce sont des gens qui ne sont pas sauvés!!!

Dieu me révèle Sa grâce pour que cela produise un amour divin en moi, et jamais une opportunité de pécher.

La Grâce de Dieu enseigne et il faut recevoir cet enseignement.

« Elle nous enseigne à renoncer à l'impiété et aux convoitises mondaines, et à vivre dans le siècle présent selon la sagesse, la justice et la piété,»

Tite 2 :12

La bonne balance produira des gens qui désirent donner leur vie pour Dieu. Ils seront précieusement utilisés pour restaurer les gens qui croulent sous le poids du légalisme.

Ils seront accueillants pour celui qui a tout bousillé, ils refléteront le caractère de Dieu qui désire faire grâce et créer une capacité pour marcher et devenir un disciple. Ces gens chercheront les plus désespérés, investiront en eux, car ils connaissent le caractère de grâce qui attire les hommes à Dieu. La grâce de Dieu attire et la vérité libère!

Le travail secret de la grâce

« *Lorsqu'on bâtit la maison, on se servit de pierres toutes taillées, et ni marteau, ni hache, ni aucun instrument de fer, ne furent entendus dans la maison pendant qu'on la construisait.* » **1Rois 6:7**

Vous est-il déjà arrivé d'émettre un jugement et de vous rendre compte que vous vous étiez complètement trompé dans vos évaluations.

En marchant par la vue nous sommes souvent privés de discerner ce que Dieu fait dans un individu.

Nous sommes tentés de dire qu'il n'y pas de travail dans les gens qui ont échoué et spécialement ceux qui ont échoué envers nous.

Dans un message, que j'ai intitulé «**Le travail secret de la grâce»,** je démontrais que les plus grandes œuvres de Dieu sont faites dans le privé à l'abri des regards.

La construction du temple est une image frappante.

« *Le roi ordonna d'extraire de grandes et magnifiques pierres de taille pour les fondements de la maison.* » **1Rois 5:17**

« *Les ouvriers de Salomon, ceux de Hiram, et les Guibliens, les taillèrent, et ils préparèrent les bois et les pierres pour bâtir la maison.* » **1Rois 5:18**

On est sur terre pour recevoir et distribuer la grâce de Dieu. Si je cesse de recevoir la grâce, je peux déjà planifier un épuisement spirituel, chrétien ou pas.

Peu importe le zèle que j'ai eu dans le passé, si je cesse de recevoir la nature de Dieu, ma marche est vouée à l'échec. L'économie de la grâce, c'est de recevoir et de donner.

La richesse de la grâce est inépuisable et intarissable; on ne peut en cerner la profondeur.

Quand on bâtissait le temple, aucune pierre n'était façonnée près du temple. Elles étaient emportées au loin pour être façonnées ; on n'entendait pas le bruit et on ne voyait rien.

Pendant que les gens échouent, nous ne voyons pas le travail intérieur de la grâce qui est fait dans le secret. Combien de gens viennent dans une église de la grâce et s'attendent à y trouver des croyants de *« qualité supérieure »*.

Ils sont tous déçus d'y trouver des croyants pleins de faiblesses. « Mon frère, je perçois qu'il y a des pécheurs, même dans votre église! » Vous et moi n'aurions pas fait une journée avec les disciples.

Dieu bâtit une maison spirituelle.

Une maison spirituelle est en train d'être bâtie : **L'Eglise.** Chaque membre est une pierre de construction, en chacun un travail caché est fait, on ne peut rien évaluer par la vue.

On peut dire qu'il n'y a rien à faire avec un homme comme Pierre, cependant Jésus lui offre les clés du royaume. **« Tu ouvriras le chemin ».**

En Galates 6 :10 – L'Eglise est une maison de foi.

Éphésiens 2 :19, 1 Timothée 3 :15, Hébreux 10 :21, 1Pierre 4 :17, – Elle est une maison de Dieu.

En 2 Timothée 2 :20 – Elle est une maison où il y a plusieurs vases. Des vases d'usage saint et des vases d'usage vil.

En Hébreux 3 :6 – Le propriétaire de l'Eglise est Jésus-Christ.

En Hébreux 8 :8-10 – Israël est la maison de Dieu, dans la dispensation des juifs.

En Hébreux 11 :7 – Il y a la maison de Noé pour la dispensation des païens.

Le système de la vue trompe toujours

Le système de la vue va toujours nous tromper. Et l'évaluation sera toujours faussée...

Quelqu'un dira telle personne est fermée à l'évangile... Qui t'a dit cela? L'œuvre de la grâce fait un travail intérieur. Un autre dira cette personne a échoué dans le passé, il n'y a plus rien à faire avec elle. Qui t'a dit cela?

Dieu peut utiliser ceux qui ont tout manqué s'ils reçoivent la grâce de Dieu. Si vous regardez les disciples de près vous y trouverez plein de manquements :

- Jean, le disciple de l'amour a demandé que le feu du ciel descende sur les samaritains.
- Les disciples chassent les enfants et leur disent de ne pas embêter le maître.
- Ils demandent à Jésus de chasser une femme Cananéenne qui ne cesse de crier à l'aide pour sa fille possédée.

C'était le genre d'équipe qui entourait Jésus.

Co-ouvriers dans l'œuvre intérieur

Dieu fait un travail intérieur dans la vie d'une personne et c'est dans la grâce que nous permettrons à Dieu de faire ce travail dans le secret.

Quelqu'un a dit : *« Il y a tant de bonnes choses chez les pires d'entre nous et tant de mauvaises choses chez les meilleurs, qu'aucun d'entre nous n'est en mesure de juger le reste d'entre nous! »*

Dieu s'est engagé à nous faire paraître devant Lui sans tache, ni ride, ni rien de semblable. **(Éphésiens 5)**

Ce que nous voulons, nous devons l'avouer, c'est que les autres vivent dans un système d'œuvre et qu'ils se conforment à notre façon de voir; on ne veut pas un travail intérieur.

Personne n'a l'habileté de voir le travail intérieur dans la vie des gens. Nous avons l'impression qu'il n'y a pas de travail intérieur dans la vie des gens. Mais la grâce de Dieu fonctionne.

Les gens quittent l'église parce qu'ils cherchent l'erreur. Ils ne communient pas avec Dieu dans la grâce, ils communient avec la vue. Ils cherchent la faille dans le message ou dans les comportements des gens qui se disent chrétiens ou pasteurs.

Ces gens ne comprennent pas que l'église est une maison spirituelle. Ce qu'ils ne réalisent pas, c'est qu'en soupçonnant le mal, cela révèle que l'amour de Dieu ne demeure pas en eux. **(1Corinthiens 13)** Si je suis arrêté par une offense, l'amour de Dieu n'est pas dans mon cœur, je risque de quitter l'église.

« *...pour célébrer la gloire de sa grâce qu'il nous a accordée en son bien–aimé.* » **Éphésiens 1 :6**

Pratiquement, les gens vont échouer et Dieu va donner sa grâce au travers de ma vie aux autres. Si je viens à l'église pour trouver des gens parfaits, je ne viens pas distribuer la grâce. Je marche par la vue et je ne peux pas aller plus loin. Quelqu'un dit « Je ne vais plus à l'église, ce sont tous des hypocrites! » Il révèle qu'il n'a rien compris de la grâce et c'est nous qui devons lui faire grâce!

Si on fait des commentaires négatifs sur une autre personne, on vit une double vie! Tu reçois de Dieu ce que tu ne mérites pas et tu endettes l'autre.

Dieu n'a pas dit : « ne méprise pas le rassemblement sauf pour cause d'hypocrisie .»

J'ai reçu, j'ai la responsabilité de donner. La parabole des talents est aussi un bon exemple. Dieu m'a donné des dons pour rassembler son église, pas pour la disperser.

« pour le mettre à exécution lorsque les temps seraient accomplis, de réunir toutes choses en Christ, celles qui sont dans les cieux et celles qui sont sur la terre. » ***Éphésiens 1:10***

Je peux être rempli de toute la plénitude de Dieu. **(Éphésiens 3 :19).** Dans **Jean 10 :10,** il nous est dit que nous pouvons expérimenter la vie abondante. Pourquoi la plupart des croyants ne la vivent pas?

Dans le même chapitre il nous est aussi expliqué que le malin vient pour voler, égorger et détruire. Il vient voler les occasions d'être rempli. Il vient égorger... il te donne cette pensée… puisque tu n'as rien reçu, tu n'as rien de bon à dire.

Il utilise aussi ton témoignage pour détruire le message de la grâce : « Regardez cet homme qui dit que Dieu est amour et vit dans le ressentiment! »

La grâce est la seule chose qui peut me faire expérimenter mon héritage. Quel est mon héritage? « Les rassemblements, la parole…, ». Sans la vie de l'église nous sommes finis. Un croyant qui est séparé du corps meurt. **Éphésiens 1 :23** est donné dans un contexte de tous les croyants ensemble. Il est impossible d'expérimenter la plénitude sans être attaché au corps. Le but de la dispensation de la grâce est de réunir.

HÉNOCH MARCHA AVEC DIEU PAR LA GRÂCE

Genèse 5 :22-24 – Hénoch a marché avec Dieu 300 ans. Pour pouvoir marcher avec Dieu, est-ce qu'Hénoch était sans péchés? Non, mais il connaissait la grâce de Dieu. On ne peut marcher avec Dieu sans la grâce. Nous sommes séparés de la communion avec Dieu lorsque nous péchons. Il s'agit d'une offense à la sainteté de Dieu qui a besoin d'être pardonnée :

« Si nous confessons nos péchés, il est fidèle et juste pour nous les pardonner, et pour nous purifier de toute iniquité. » **1 Jean 1:9**

Nous avons un avocat, qui plaide sur la base du sacrifice :

« Mes petits enfants, je vous écris ces choses, afin que vous ne péchiez point. Et si quelqu'un a péché, nous avons un avocat auprès du Père, Jésus–Christ le juste. Il est lui–même une victime expiatoire pour nos péchés, non seulement pour les nôtres, mais aussi pour ceux du monde entier. » **1Jean 2 :1-2**

C'est la grâce seulement qui nous permet de marcher avec Dieu comme Hénoch.

Si j'échoue, je vais confesser mon péché, me relever, et aller de l'avant, car cela restaure ma communion et glorifie l'œuvre accomplie de Jésus-Christ. Christ a été puni pour cela! **Esaïe 53**

Rester par terre implique et signifie que « Christ n'a pas payé » pour cela!"

Continuer dans l'amertume communique à l'offenseur qu'il n'y a pas de provision pour son échec! Nous jouons avec sa conscience pour obtenir ce que nous voulons. Quand nous rappelons le passé, n'essayons-nous pas de garder l'autre esclave de quelque chose que Dieu a déjà pardonné?

L'accusateur des frères **(Apocalypse 12 :10),** ne cesse de te rappeler tes fautes du passé, il te dit : « Ne chante pas trop fort, rappelle-toi ce que tu as fait, comment es-tu ? »

Pourquoi lutter contre le diable au lieu de confesser notre faute et obtenir le pardon. C'est nous qui décidons de combien de temps durera notre esclavage.

Noé est resté juste dans une génération perverse. Il a trouvé grâce **(Chen)** aux yeux de Dieu. **(Genèse 6 :8).**

« L'Éternel vit que la méchanceté des hommes était grande sur la terre, et que toutes les pensées de leur cœur se portaient chaque jour uniquement vers le mal... » **Genèse 6:5**

« Mais Noé trouva grâce aux yeux de l'Éternel. » **Genèse 6:8**
La grâce nous préserve dans une génération corrompue.
« Car la grâce de Dieu, source de salut pour tous les hommes, a été manifestée.
Elle nous enseigne à renoncer à l'impiété et aux convoitises mondaines, et à vivre dans le siècle présent selon la sagesse, la justice et la piété » **Tite 2 :11-12**

Alors que les pensées de tous les hommes allaient au mal, celles de Noé et de sa famille étaient préservées par la grâce de Dieu. Il en est de même pour notre génération.

Pourquoi quelqu'un retombe-t-il dans le même péché? « Il ne faut pas que je pèche, il ne faut pas que je déplaise à Dieu, il ne faut pas... ». Cela n'est pas la vie chrétienne. La vie chrétienne consiste à recevoir l'abondance de la grâce. **(Romains 5 :17) pas nos propres forces.**
En **Genèse 7 :7-16** Dieu a fermé et scellé la porte de l'arche. Cela nous parle **d'Éphésiens 1 :13 et 4 :30…** du sceau du Saint -Esprit. Il nous préservera au travers du jugement, il accomplira toute son œuvre.

– Dieu se souvint de Noé. Dieu se souvint en vertu de Sa Grâce.
Zacharie 4:7 « *Qui es–tu, grande montagne ? Devant Zorobabel, tu seras aplanie. Il en sortira la pierre principale au milieu des acclamations : Grâce, grâce pour elle ! »*

Contexte. On criait *« Grâce! Grâce! »* lorsque la dernière pierre (de l'angle) de construction était déposée.
L'œuvre de Dieu du commencement à la fin est faite par la grâce. Les gens abandonnent en chemin car ils ne connaissent pas la grâce! La dernière pierre à poser le sera par la grâce.

S'il y a des difficultés? Crie : Grâce! Grâce! La difficulté est un moyen encore de voir comment Dieu te sera favorable.

La grâce c'est le sujet le plus attaqué dans l'église. C'est ce que Satan tente le plus de cacher, de détruire et d'empêcher. Une église qui ne connaît pas la grâce connaîtra le flou. Il n'y a pas d'autre évangile que celui de la grâce.

« Je m'étonne que vous vous détourniez si promptement de celui qui vous a appelés par la grâce de Christ, pour passer à un autre Evangile.

Non pas qu'il y ait un autre Evangile, mais il y a des gens qui vous troublent, et qui veulent renverser l'Evangile de Christ.

Mais, quand nous-mêmes, quand un ange du ciel annoncerait un autre Evangile que celui que nous vous avons prêché, qu'il soit anathème ! » **Galates 1 :6-8**

Le mot *anathème* en grec « **anathema** » signifie Castrer, incapable de se reproduire. **Le message de la grâce seule doit être prêché.**

La grâce gagne le cœur de celui qui ne mérite rien. Si Satan ne peut empêcher un ministère de s'installer, il l'empêchera de trouver la grâce de Dieu. Il le poussera à prêcher les œuvres, pour que ceux qui ont échoué n'aient pas de place pour leur restauration.

1 Pierre 5 :10 « *Il est le Dieu de toute grâce!* »

Actes 11 :23 « L*orsqu'il fut arrivé, et qu'Il eut vu la grâce de Dieu, il s'en réjouit, et il les exhorta tous à rester d'un cœur ferme attachés au Seigneur.* »

Comment est-ce qu'on peut voir la grâce de Dieu? Elle est visible car elle produit une transformation dans la vie des gens. Une personne formée dans la grâce sait reconnaître une personne qui est transformée par le message de la grâce. On peut aussi détecter les fruits du légalisme.

Ce n'est pas quelque chose de mystique. Il est impossible d'avoir une révélation de la grâce de Dieu et rester le même. La révélation de la grâce transforme une personne. La contrefaçon de la révélation de la grâce est la conformité à la loi.

Les personnes qui découvrent la révélation de la grâce de Dieu disent souvent : « On dirait une deuxième conversion »… surtout ceux qui viennent de milieu légalistes. « Nous avions la Bible, les bonnes doctrines, nous étions assidus à l'église, mais notre pensée était légaliste ».

Quelqu'un qui n'est pas affermi dans la grâce de Dieu, va toujours se sentir accusé dans le message. Il devient toujours introspectif, parce qu'il cherche quelque chose de bon en lui et il est déçu de voir qu'il n'y a rien de bon en lui. L'introspection sans la grâce de Dieu est un danger. On peut devenir fou!

Un croyant mature n'est pas quelqu'un qui regarde à lui-même mais au Dieu de toute grâce. L'appel est par grâce, la marche aussi, ainsi que son futur est basé sur cette même grâce.

J'ai été appelé avant la fondation du monde par Sa grâce. Son caractère gracieux planifiait ma vie. Mon éternité sera par grâce. Tout, du début à la fin est basé sur la grâce opérante de Dieu envers nous; nous ne méritons rien. Si quelqu'un « attend » quelque chose de bon de lui-même, il ne connaît pas sa nature totalement dépravée et son besoin désespéré de la grâce de Dieu. La seule chose qui est bonne en moi, c'est le Saint-Esprit qu'Il a déposé en moi.

DIEU OPÈRE EN NOUS PAR SA GRACE

Si une personne est sous l'onction, c'est le résultat de la grâce de Dieu, pas son charisme humain. Les dons nous ont été donnés pour que nous communiquions qui Dieu Est dans Son caractère et Sa nature… jamais pour devenir un héros ou une vedette. Dieu m'a donné des dons pour que je fasse des disciples, pour les affermir dans la grâce et dans leur relation avec Dieu. Aujourd'hui : une importance démesurée est accordée aux dons spirituels car les gens ne comprennent pas qui ils sont en Christ et à quoi les dons servent. Les dons sont devenus une manière pour nous élever personnellement.

La grâce est l'opération de la main de Dieu à tous les niveaux. Ceux qui sont utilisés deviennent alors les spectateurs de l'habileté et de la bonté de Dieu. **Colossiens 2 :12** *« ayant été ensevelis avec lui par le baptême, vous êtes aussi ressuscités en lui et avec lui, par la foi en la puissance de Dieu, qui l'a ressuscité des morts. »* C'est seulement la puissance de Dieu qui opère.

Principes importants :

- Dieu ne peut pas opérer en dehors de sa grâce envers nous. Ceux qui ne comprennent pas cela dans leur vie sont dans l'insécurité.
- La Grâce de Dieu est la seule réponse pour la condition humaine. Plus tu connais le cœur humain, plus tu découvres la seule solution pour le cœur humain.
- La seule prémice pour l'existence humaine c'est la grâce de Dieu.
- Que la Bible reste pour chacun le seul cadre de référence.
- L'enseignement de la Bible est la plus haute forme d'éducation.

Chaque jour on expérimente l'influence d'une de ces deux choses :

1. L'opération de la grâce

2. L'opération de la chair

« Mon âme est attachée à la poussière: Rends-moi la vie selon ta parole ! » **Psaumes 119 :25**

Mes émotions et mes pensées s'attachent naturellement à la poussière; aux choses de ce monde. Ce n'est pas pour rien que nous sommes rassemblés et que nous recevons la Parole de Dieu. Cela nous donne la vie. *« Rends-moi la vie selon ta Parole ».*

Il n'y a rien en moi naturellement qui produit la vie dans mes relations, dans mon corps, au niveau de mes émotions, finances, choix… etc.

La pensée positive ne donne pas la vie. Nous avons besoin de plus qu'un message de stimulation, nous avons besoin d'être vivifiés par le message de la grâce.

L'opération de la vieille nature pécheresse me prédispose à l'opération du gouvernement de Satan. Naturellement, nous sommes laissés à nous - mêmes.

Nous étions tous errants comme des brebis, chacun suivait sa propre voie; Et l'Éternel a fait retomber sur lui l'iniquité de nous tous. **Esaïe 53 :6**

Quand nous commençons à enseigner la voie du Seigneur, les gens se sentent menacés parce qu'ils ont toujours suivi leur propre voie.

LA GRACE ET LES CONFESSIONS

« Ils ont la ***langue tendue comme un arc et lancent le mensonge****; ce n'est pas par la vérité qu'ils sont puissants dans le pays; car ils vont de méchanceté en méchanceté, et ils ne me connaissent pas, dit l'Éternel. »* **Jérémie 9 :3**

En ne connaissant pas Dieu, nous allons de méchanceté en méchanceté. La langue est utilisée pour critiquer, calomnier, elle sera négative..., au lieu d'élever ce que Dieu fait. Si je ne suis pas dans un processus de recevoir la grâce de Dieu, je suis dans un processus de dégénération.

Le fait que nous honorons les gens est insupportable pour le légaliste. Il ne voit pas la valeur des gens car il est attaché à la poussière. Il ne voit pas l'estime que la grâce donne aux gens. Nous avons la valeur de fils de Dieu.

Au ciel, les anges font la fête pour un pécheur qui se repent. Satan crie dans l'atmosphère : « tu ne mérites pas d'être honoré! ».

Quand nous honorons une personne, nous honorons ce que Dieu fait dans cette personne. Il y aura un jour des honneurs au tribunal de Christ.

Nous recevrons des couronnes... Les gens qui sont négatifs ou qui critiquent sont infectés par un mal diabolique en grec « **PONEROS** » qui parle d'un mal contagieux.

Nous voyons dans **Jean 17 :3** que pour vivre notre vie éternelle, on doit être continuellement exposé à la Parole. La pensée de Dieu est un renouvellement continuel. Je suis fini sans la grâce de Dieu. Je dois en faire l'expérience, elle doit être opérante et faire un nouveau cadre de référence dans ma vie.

Seule la grâce peut bâtir et donner une capacité plus grande.

« Et maintenant je vous recommande à Dieu et à la parole de Sa grâce, à celui qui peut édifier et donner l'héritage avec tous les sanctifiés. » **Actes 20 :32**

Nous ne pouvons saisir les choses que Dieu nous a données par grâce… à moins que ce soit révélé.**1 Corinthiens 2 :9-10** Mais, comme il est écrit, ce sont des choses que l'œil n'a point vues, que l'oreille n'a point entendues, et qui ne sont point montées au cœur de l'homme, des choses que Dieu a préparées pour ceux qui l'aiment.

Dieu nous les a révélées par l'Esprit. Car l'Esprit sonde tout, même les profondeurs de Dieu.

1 Corinthiens 2 :14 Mais l'homme animal ne reçoit pas les choses de l'Esprit de Dieu, car elles sont une folie pour lui, et il ne peut les connaître, parce que c'est spirituellement qu'on en juge. Nous n'en voyons pas la profondeur et elle nous échappe. Elle n'a pas de limite, elle est profonde et notre champ de vision s'élargit.

« Donnez, et il vous sera donné: on versera dans votre sein une bonne mesure, serrée, secouée et qui déborde ; car on vous mesurera avec la mesure dont vous vous serez servis. » **Luc 6 : 38**

C'est le principe de recevoir et de donner la grâce. Tout comme la loi de la gravité va inéluctablement m'attirer vers le bas, de même le fait d'ignorer cette loi spirituelle aura des conséquences très importantes dans ma vie, si je retiens la grâce au lieu de la déverser sur les autres.

« Cependant l'Eternel désire vous faire grâce, Et il se lèvera pour vous faire miséricorde ; Car l'Eternel est un Dieu juste: Heureux tous ceux qui espèrent en lui ! » **Esaïe 30 : 18**

La grâce de Dieu ne change pas : Dieu attend toujours l'opportunité d'être gracieux. Mais c'est seulement moi qui l'empêche quotidiennement d'être gracieux.

Je ferme mon cœur, et je commence à avoir une petite capacité. Et cela se répand dans d'autres domaines de ma vie.

« L'homme bon fait du bien à son âme, Mais l'homme cruel trouble sa propre chair. » **Proverbes 11 : 17**

« ...mais les pharisiens et les docteurs de la loi, en ne se faisant pas baptiser par lui, ont rendu nul à leur égard le dessein de Dieu. » **Luc 7 : 30**

Les pharisiens ont rendu nul le dessein de Dieu à leur égard.

« A qui donc comparerai-je les hommes de cette génération, et à qui ressemblent-ils ? **Luc 7 : 31-34**

Ils ressemblent aux enfants assis dans la place publique, et qui, se parlant les uns aux autres, disent : Nous vous avons joué de la flûte, et vous n'avez pas dansé ; nous vous avons chanté des complaintes, et vous n'avez pas pleuré.

Car Jean Baptiste est venu, ne mangeant pas de pain et ne buvant pas de vin, et vous dites : Il a un démon.

Le Fils de l'homme est venu, mangeant et buvant, et vous dites : C'est un mangeur et un buveur, un ami des publicains et des gens de mauvaise vie. »

On ne peut jamais gagner contre la chair, car elle n'est jamais satisfaite.

« Le séjour des morts et l'abîme sont insatiables ; De même les yeux de l'homme sont insatiables ». **Proverbes. 27 : 20**

Les pharisiens ont abandonné la pensée de grâce de Dieu, et ainsi, ils ont rejeté le dessein de Dieu à leur égard : ils ne peuvent plus penser avec Dieu.
« Mais la sagesse a été justifiée par tous ses enfants ». **Luc 7 : 35**

« Car les hommes seront égoïstes, amis de l'argent, fanfarons, hautains, blasphémateurs, rebelles à leurs parents, ingrats, irréligieux, » **2Timothée 3 : 2**
« Il est comme un misérable dans le désert, Et il ne voit point arriver le bonheur ; Il habite les lieux brûlés du désert, Une terre salée et sans habitants. » **Jérémie 17 : 6**
Quand on abandonne la grâce, on ne voit plus le bien, même s'il nous entoure
Mon âme est attachée à la poussière: Rends-moi la vie selon ta parole ! **Psaumes 119 : 25**

« Il prit l'aveugle par la main, et le conduisit hors du village ; puis il lui mit de la salive sur les yeux, lui imposa les mains, et lui demanda s'il voyait quelque chose. » **Marc 8 : 23**
La première chose que fait Jésus avec chacun de nous, c'est de nous prendre par la main. Et quand Il fait cela, Il comprend nos douleurs passées, les conflits dans lesquels nous luttons… Même dans nos pires moments, Il vient vers nous sans condamnation.
La pensée de grâce regarde toujours au-delà de la faute pour combler le besoin.
« Puis il conduit l'aveugle hors du village »: hors de sa vieille façon de penser, de son univers de référence habituelle, pour pouvoir toucher ses yeux.
Au début, quand il recouvre la vue, les choses ne sont pas encore vraiment claires. Mais Jésus remet Ses mains sur ses yeux et alors il voit tout clairement.

Mon âme est attirée par la poussière de ce monde qui obscurcit mes yeux, et je ne vois pas les choses aussi clairement que je le devrais.

« *Nous tous qui, le visage découvert, contemplons comme dans un miroir la gloire du Seigneur, nous sommes transformés en la même image, de gloire en gloire, comme par le Seigneur, l'Esprit.* » **2 Corinthiens 3 : 18**

Encore et encore, j'ai besoin que Jésus me touche et me transporte de gloire en gloire. J'ai besoin d'entendre la Parole de Dieu jour après jour.

« *Voilà pourquoi je prendrai soin de vous rappeler ces choses, bien que vous les sachiez et que vous soyez affermis dans la vérité présente.* » **2 Pierre 1 : 12**

On a besoin que les choses de Dieu nous soient constamment rappelées, car nos cœurs sont oublieux.

« *Et il le conduisit vers Jésus. Jésus, l'ayant regardé, dit : Tu es Simon, fils de Jonas ; tu seras appelé Céphas ce qui signifie Pierre.* » **Jean 1 : 42**

Simon signifie sable mouvant : quelqu'un sur qui on ne peut pas compter. Mais Jésus l'appelle Pierre, un petit roc, quelqu'un qui par la grâce de Dieu deviendra un homme sur qui on pourra s'appuyer.

La pensée de grâce permet de voir Pierre là où il est réellement, au-delà des apparences.

« *(Selon qu'il est écrit, Je t'ai établi père de plusieurs nations), devant Dieu qu'il a cru, -qui fait vivre les morts et appelle les choses qui ne sont point comme si elles étaient* ». **Romains 4 : 17**

C'est le même Dieu qui a ressuscité Jésus d'entre les morts, qui a pris cet homme, Simon, et l'a utilisé d'une manière incroyable, malgré de nombreux échecs au début : le petit Simon est rendu extraordinaire par la grâce de Dieu.

Quand nous ne voyons pas les autres selon la grâce de Dieu, c'est comme si nous ne les voyions pas clairement, comme quand l'aveugle a commencé de retrouver la vue. Mais si nous pouvons voir au-delà des apparences et considérer les autres avec les yeux de Dieu, alors nous verrons les choses clairement.

« Croyez que la patience de notre Seigneur est votre salut, comme notre bien-aimé frère Paul vous l'a aussi écrit, selon la sagesse qui lui a été donnée.». **2 Pierre 3 : 15**
Même quand quelqu'un a besoin d'être discipliné, nous ne devons pas le considérer comme un ennemi, mais le reprendre, ou l'avertir, comme un frère. C'est cela, la pensée de grâce. L'amour de Dieu n'abandonne jamais, même quand la grâce doit prendre la forme d'une discipline.

Considérons la vie d'Abraham :
En Genèse. 12 : il est appelé.
En Genèse. 17 : 5 On le voit 24 ans après son appel, Dieu change son nom.
Puis 25 ans plus tard, l'enfant promis, Isaac, naît.

Nous devons manifester la patience vis-à-vis de nous-mêmes et des autres.
Quand on vit dans la pensée de grâce, on vit dans une sagesse d'en haut. Et on évite avec sagesse de vivre à vue humaine :
« Il respirera la crainte de l'Eternel ; Il ne jugera point sur l'apparence, Il ne prononcera point sur un ouï-dire. » **Esaïe. 11 : 3**
On évite d'analyser les faits de la chair. L'Ennemi veut nous amener dans un tribunal pour nous condamner, mais Jésus-Christ lui oppose Son propre sang. Nous avons le même Dieu

qui a changé Simon en Pierre, Abram en Abraham, et Jacob le magouilleur en Israël, le père d'une grande nation.

« Que celui qui a des oreilles entende ce que l'Esprit dit aux Eglises : A celui qui vaincra je donnerai de la manne cachée, et je lui donnerai un caillou blanc ; et sur ce caillou est écrit un nom nouveau, que personne ne connaît, si ce n'est celui qui le reçoit. » **Apocalypse 2 : 17**

Moi seul peux connaître le nouveau nom que Dieu m'a donné, même si d'autres personnes peuvent parfois avoir un aperçu de ce qu'est ce nom.

Et cherchons aussi à discerner les nouveaux noms de ceux qui nous entourent, afin de ne pas les considérer selon la chair, mais selon leur nouvelle identité en Christ.

Osons faire de nouveaux rêves avec Dieu au lieu de reculer.

Osons choisir la pensée de grâce et voir le bien au lieu de critiquer et amener les autres en jugement.

Ne trahissons pas notre nouveau nom en nous opposant à la grâce de Dieu. Prenons des pas de foi pour entrer dans ce nouveau nom. Recevons la pensée de grâce au lieu de la pensée naturelle, pour être fortifiés, pour manifester la grâce envers d'autres personnes.

Ne laissons pas l'Ennemi nous voler la pensée de grâce, car nous perdrons ainsi un des plus grands trésors de Dieu.

Notre identité et héritage

36 CHOSES QUI CARACTERISENT LA NOUVELLE CREATION

2CORINTHIENS 5 :17 *« Si quelqu'un est* ***en Christ****, il est une nouvelle création. Les choses anciennes sont passées ; voici, toutes choses sont devenues nouvelles. »*

Nouvelle création : le mot « nouvelle » en grec c'est Kaïnos ; nouveau, une chose qui n'a jamais existé. Ce qui est neuf, récent, qui vient de se produire, non porté, différent de ce qui s'était produit jusqu'alors.

1. DANS LE PLAN ETERNEL DE DIEU (ON PARTAGE LA DESTINEE DE CHRIST)

Connu d'avance

Actes 2 : 23 - Romains 8 : 29 - 1 Pierre 1 : 2

Elu

Romains 8 : 33 - Colossiens 3 : 12 - 1 Pierre 1 : 2 - 1 Thessaloniciens 1 : 4 - Tite 1 : 1

Prédestiné

Romains 8 : 29 à 30 - Ephésiens 1 : 5 et 11

Choisi

Matthieu 22 : 14 - 1 Pi 2 : 4

Appelé

1 Thessaloniciens 5 : 24

2. RECONCILIES

Par Dieu

2 Corinthiens 5 : 18 à 19 - Colossiens 1 : 20

A Dieu

Romains 5 :10 - 2 Corinthiens 5 : 20 - Ephésiens 2 : 14 à 17

3. RACHETES
(RACHETES DE L'ESCLAVAGE DU PECHE)
Romains 3 : 24 - Colossiens 1 :14 - 1 Pierre 1 : 18

4. LA CONDAMNATION EST ENLEVEE
Jean 3 : 18 - Jean 5 : 24 - Romains 8 : 1

5. SOUS LA GRACE (PAR LA PROPITIATION) AU LIEU DU JUGEMENT :
Dieu est satisfait de la mort de son fils
Romains 3 : 24 à 26 - 1 Pierre 1 : 18

6. TOUS LES PECHES SONT JUGES PAR LA MORT DE CHRIST
Romains 4 : 25 - Ephésiens 1 : 17 - 1 Pierre 2 : 24

7. MORT A LA VIEILLE VIE (LA VIEILLE NATURE PECHERESSE) :
VIVANT POUR DIEU (VERITE RETROACTIVE)
Crucifié avec Christ
Romains 6 : 6 - Galates 2 : 20
Mort avec christ
Romains 6 : 8 - Colossiens 3 : 3 - 1 Pierre 2 : 24
Enseveli avec lui
Romains 6 : 4 - Colossiens 2 : 12
Ressuscité avec Christ
Romains 6 : 4 - Colossiens 3 : 1

8. LIBERES DE LA LOI
Mort
Romains 7 : 4
Délivré

Romains 6 : 14 - Romains 7 : 6 - 2 Corinthiens 3 : 11 - Galates 3 : 25

9. REGENERES

Jean 3 : 10 -1 Pierre 1 : 23- 1 Corinthiens 6 : 11 - Tite 3 : 5

Né de nouveau

Jean 3 : 7 - 1 Pierre 1 : 23

Enfant de Dieu

Galates 3 : 26

Fils de Dieu

Jean 1 : 12 - 2 Corinthiens 6 : 18 - 1 Jean 3 : 2

Une nouvelle création

2 Corinthiens 5 : 17 - Galates 6 : 15 - Ephésiens 2 : 10

10. ADOPTES : (PLACES COMME FILS ADULTES A CAUSE DE LA VERITE POSITIONNELLE)

Romains 8 : 15 - Romains 8 : 23 - Ephésiens 1 : 5

11. ACCEPTABLES A DIEU

Ephésiens 1 : 6 - 1 Pierre 2 : 5

Rendu juste (imputation)

Romains 3 : 22 - 1 Corinthiens 1 : 30 - 2 Cor 5 : 21 - Philippiens 3 : 9

Sanctifié positionellement

1 Corinthiens 1 : 30 - 1 Corinthiens 6 : 11

Perfectionné pour toujours

Hébreux 10 : 14

Rendu capable (qualifiés)

Colossiens 1 : 12

12. JUSTIFIES (DECLARES JUSTES)

Romains 3 : 24 - Romains 5 : 1 et 9 - Romains 8 : 30
1 Corinthiens 6 : 11 - Tite 3 : 7

13. PARDONNES DE TOUTES OFFENSES
Ephésiens 1 : 7 - Ephésiens 4 : 32 - Colossiens 1 : 14 -
Colossiens 2 : 13
Colossiens 3 : 13

14. RAPPROCHES (CITOYENNETE BASEE SUR LA RECONCILIATION)
Luc 10 : 20 - Ephésiens 2 : 13 et 19 - Philippiens 3 : 20

15. DELIVRES DU ROYAUME DE SATAN
Colossiens 1 : 13a - Colossiens 2 : 15

16. TRANSFERES DANS LE ROYAUME DE DIEU
Colossiens 1 : 13b

17. SUR UN FONDEMENT SOLIDE
1 Corinthiens 3 : 11 - 1 Corinthiens 10 : 4 - Ephésiens 2 : 20

18. UN DON DE DIEU LE PERE A CHRIST
Jean 10 : 29 - Jean 17 : 2, 6, 9, 11 à 12 et 24

19. DELIVRES DU POUVOIR DE LA NATURE DU PECHE
Romains 2 : 29 - Philippiens 3 : 3 - Colossiens 2 : 11

20. ORDONNES SACRIFICATEURS POUR DIEU
Sacrificature sainte
1 Pierre 2 : 5
Sacrificature royale
1 Pierre 2 : 9 - Apocalypse 1 : 6

21. SOUS LA PROTECTION DE DIEU NOUS SOMMES UNE GENERATION CHOISIE (UNE RACE ELUE) ET UN PEUPLE ACQUIS (PROTEGE)

Tite 2 : 14 - 1 Pierre 2 : 9

22. ACCORDES L'ACCES AUPRES DE DIEU

Romains 5 : 2 - Ephésiens 2 : 18 - Hébreux 4 : 14, 16 -

Hébreux 10 :19 et 20

23. DANS LA PROTECTION DU « A PLUS FORTE RAISON » DE DIEU

Romains 5:9 et10

Objet de Son amour : Ephésiens 2 : 4 - Ephésiens 5 : 2
Objet de Sa Grâce :

Pour le salut : Ephésiens 2 : 8 à 9
Pour la protection : Romains 5 : 2 - 1 Pierre 1 : 5
Pour le service : Jean 17 : 18 - Ephésiens 4 : 7
Pour l'instruction : Tite 2 : 12

Objet de Sa puissance : Ephésiens 1 : 19 - Philippiens 2 : 13

Objet de Sa fidélité **: Philippiens 1 : 6 - Hébreux 13 : 5b**

Objet de Sa paix : Jean 14 : 27

Objet de Sa consolation **: 2 Thessaloniciens 2 : 16**

Objet de Son intercession : Romains 8 : 34 - Hébreux 7 : 25 /

9 : 24

24. L'HERITAGE DE DIEU (SA POSSESSION)

Ephésiens 1 : 18

25. BENEFICIER D'UN HERITAGE COMME HERITIERS DE DIEU ET CO-HERITIERS AVEC CHRIST

Romains 8 : 17 - Ephésiens 1 : 14 - Colossiens 3 : 24 - Hébreux 9 : 15

1 Pierre 1 : 4

26. UNE NOUVELLE POSITION

Ephésiens 2 : 6

Partenaires avec Christ dans la vie : Colossiens 3 : 4
Partenaires avec Christ dans le service : 1 Corinthiens 1 : 9

Ouvriers avec Dieu : 1 Corinthiens 3 : 9 - 2 Corinthiens 6 : 1
Ministres du Nouveau Testament : 2 Corinthiens 3 : 6

Ambassadeurs : 2 Corinthiens 3 : 3 - 2 Corinthiens 5 :20
Ministres de Dieu : 2 Corinthiens 6 : 4

27. RECIPIENTS DE LA VIE ETERNELLE

Jean 3 : 15 - Jean 10 : 28 - Jean 20 : 31 - 1 Jean 5 : 11à 12

28. MEMBRES DE LA FAMILLE DE DIEU ET DE SA MAISON

Galates 6 : 10 - Ephésiens 2 : 19

29. LUMIERE DANS LE SEIGNEUR (SE RAPPORTE AU CONFLIT ANGELIQUE)

Ephésiens 5 : 8 - 1 Thessaloniciens 5 : 4

30. UNIS AU PERE, FILS ET SAINT-ESPRIT

En Dieu : 1 Thessaloniciens 1 : 1
Dieu en toi : Ephésiens 4 : 6
En Christ : Jean 14 : 20
Christ en toi : Colossiens 1 : 27

Un membre dans Son corps : 1 Corinthiens 12 : 13

Un sarment dans la vigne : Jean 15 : 5
Une pierre dans l'édifice : Ephésiens 2 : 21 à 22 - 1 Pi 2 : 5
Une brebis dans le troupeau : Jean 1: 27 à 29

Un membre de Son épouse : Ephésiens 5 : 25 à 27
Un sacrificateur dans le royaume des sacrificateurs :
1Pierre 2 : 9
Un saint de la « nouvelle race » : 2 Corinthiens 5 : 17
En l'Esprit : Romains 8 : 9 « l'Esprit en toi »

31. RECIPIENTS DES MINISTERES DU SAINT-ESPRIT

Né de l'esprit : Jean 3 : 6
Baptisés avec l'Esprit : Actes 1 : 5 - 1 Corinthiens 12 : 13
Habités par l'Esprit : Jean 7 : 39 - Romains 5 : 5 - Romains 8 : 9 - 1 Corinthiens 3 :16 - 1 Corinthiens 6 : 19 - Galates 4 : 6 - 1 Jean 3 : 24
Scellés par l'esprit : 2 Corinthiens 1 : 22 - Ephésiens 4 : 30
Nous recevons des dons spirituels : 1 Corinthiens 12 : 11 et 27 à 31 - 1 Corinthiens 13 : 1 à 2

32. GLORIFIES

Romains 8 : 30

33. NOUS AVONS TOUT EN LUI

Colossiens 2 : 10

34. POSSESSEURS DE TOUTES BENEDICTIONS SPIRITUELLES QUI NOUS ONT ETES DONNEES DEPUIS L'ETERNITE PASSEE

Ephésiens 1 : 3

35. RECIPIENTS D'UN ESPRIT HUMAIN (LA BASE DE L'APARRAT DE LA GRACE POUR LA PERCEPTION AINSI QUE LE SAINT-ESPRIT)

Romains 8 : 16 - 1 Corinthiens 2 : 12 - 2 Corinthiens 7 : 13 - 1 Thessaloniciens 5 : 23

36. TOUTES CICATRICES SONT ENLEVEES DE L'AME

Esaïe 43 : 25 - Esaïe 44 : 22

Le Dieu de toute grâce change nos situations

Aujourd'hui nous rencontrons trop de personnes qui profitent des chrétiens ignorants. Ils enseignent que le chrétien est encore sous des malédictions ancestrales. Ils doivent leur célébrité aux faux enseignements qui communiquent la peur aux gens.

Et plusieurs chrétiens vivent dans ce concept de MALEDICTION.

Ils pensent qu'ils sont maudits par le diable
Ils pensent qu'ils sont maudits par les fétiches
Ils pensent qu'ils sont maudits par les parents
Ils pensent qu'ils sont maudits par les pasteurs
Ils pensent qu'ils sont maudits par les hommes de Dieu en colère

Le diable aime cette atmosphère de confusion dans la vie des enfants de Dieu.

En Ephésiens 1 : 3 *« Béni soit Dieu, le Père de notre Seigneur Jésus-Christ, qui nous a bénis de toutes sortes de bénédictions spirituelles dans les lieux célestes en Christ! »*

En Jérémie 31:3 *« De loin l'Eternel se montre à moi: Je t'aime d'un amour éternel; C'est pourquoi je te conserve ma bonté. »*

Notre bénédiction est un acte unique, absolu et éternel.
Le problème de beaucoup est de courir pour chercher la bénédiction alors qu'elle est disponible là où ils sont.

« Toute arme forgée contre toi sera sans effet; Et toute langue qui s'élèvera en justice contre toi, Tu la condamneras.

Tel est l'héritage des serviteurs de l'Eternel, Tel est le salut qui leur viendra de moi, Dit l'Eternel. » **Esaïe 54:17**

« ...toute grâce excellente et tout don parfait descendent d'en haut, du Père des lumières, chez lequel il n'y a ni changement ni ombre de variation ». **Jacques 1:17**

« Christ nous a rachetés de la malédiction de la loi, étant devenu malédiction pour nous, car il est écrit: Maudit est quiconque est pendu au bois. » **Galates 3:13**

Comprenons bien que la seule malédiction qui puisse reposer sur un individu est à cause du péché et de la vieille nature pécheresse.

Donc si ce problème de vieille nature pécheresse et de Péché est réglé en Jésus Christ à la croix et que nous en sommes devenus bénéficiaires une fois pour toutes à notre conversion, alors il n'y a plus aucune forme de malédiction possible pour les enfants de Dieu.

« C'est en vertu de cette volonté que nous sommes sanctifiés, par l'offrande du corps de Jésus-Christ, une fois pour toutes. 14 Car, par une seule offrande, il a amené à la perfection pour toujours ceux qui sont sanctifiés.

C'est ce que le Saint-Esprit nous atteste aussi; car, après avoir dit: Voici l'alliance que je ferai avec eux, Après ces jours-là, dit le Seigneur: Je mettrai mes lois dans leurs cœurs, Et je les écrirai dans leur esprit, il ajoute: Et je ne me souviendrai plus de leurs péchés ni de leurs iniquités. Or, là où il y a pardon des péchés, il n'y a plus d'offrande pour le péché » **Hébreux 10 :10, 14-18**

Dieu change les situations

A) Dieu change le mal en bien :

« Vous aviez médité de me faire du mal: Dieu l'a changé en bien, pour accomplir ce qui arrive aujourd'hui, pour sauver la vie à un peuple nombreux. » **Genèse 50:20**

C'est cette vérité qui fait que nous ne devenons pas aigris contre ceux qui nous font du mal.

Croire que parce que nous sommes devenus chrétiens et que la chair a été extirpée est une fausseté. C'est le diable qui fait ce genre de promesses.

Pour cela il nous faut prendre des dispositions pour ne pas pécher.

B) Dieu change le désert en étang :

« Je ferai jaillir des fleuves sur les collines, Et des sources au milieu des vallées; Je changerai le désert en étang, Et la terre aride en courants d'eau » **Esaïe 41:18**

Combien de déserts traverserons-nous ? Si nous adoptons la bonne attitude dans nos situations, nous vivrons ce miracle.

C) Dieu change les ténèbres en lumière :

« Je ferai marcher les aveugles sur un chemin qu'ils ne connaissent pas, Je les conduirai par des sentiers qu'ils ignorent; Je changerai devant eux les ténèbres en lumière, Et les endroits tortueux en plaine: Voilà ce que je ferai, et je ne les abandonnerai point. » **Esaïe 42:16**

Je crois qu'un des plus beaux cadeaux qui nous a été donné, c'est de savoir que peu importe l'épaisseur des ténèbres que nous traversons, Dieu les changera en lumière.

D) Dieu change les montagnes en chemins :

« Je changerai toutes mes montagnes en chemins, Et mes routes seront frayées. » **Esaïe 49:11**

C'est un des plus beaux versets de la Bible.

Les montagnes parlent des difficultés, et Dieu dit que ces difficultés deviendront des chemins spirituels que seuls ceux qui connaissent « le Dieu qui change » ; connaîtront et emprunteront.

E) Dieu change le rocher en source :

« Qui change le rocher en étang, Le roc en source d'eaux. Ici on nous parle aussi de difficulté. Quand la vie devient dure. C'est de ce caillou que sortira la substance même de notre vie. » **Psaumes 114:8**

Nous sommes bénis.

L'esprit de la grâce et l'esprit de la vérité

« Et la parole a été faite chair, et elle a habité parmi nous, pleine de grâce et de vérité; et nous avons contemplé sa gloire, une gloire comme la gloire du Fils unique venu du Père. » **Jean 1 :14**

Ce ne sont que la grâce et la vérité mises ensemble qui peuvent bien refléter la vraie nature de Jésus-Christ. Aussitôt que nous les séparons nous dénaturons Christ.

L'ESPRIT DE VÉRITÉ ET L'ESPRIT DE LA GRÂCE

« Quand le consolateur sera venu, l'Esprit de vérité, il vous conduira dans toute la vérité ; car il ne parlera pas de lui-même, mais il dira tout ce qu'il aura entendu, et il vous annoncera les choses à venir.» **Jean 16 :*13***

Il est l'Esprit de vérité et Il nous dirige dans toute la vérité.

Dans **Hébreux 10 :29** Il est appelé l'Esprit de la grâce. Tu ne peux pas être rempli du Saint Esprit sans que ces deux choses soient opérantes dans ta vie :

L'Esprit de vérité

L'Esprit de toute grâce

Jésus n'a jamais opéré en dehors de sa plénitude. Il n'a jamais révélé la grâce sans la vérité et jamais la vérité sans la grâce. La plénitude de Christ, quand elle est manifestée, révèle la grâce et la vérité.

Lorsqu'une personne sépare la grâce de la vérité, Jésus-Christ n'est pas manifesté. Jésus est personnifié comme la Parole. Toutes Ses paroles décrivent la vérité de qui Il Est.

Lorsqu'une personne vous révélera une vérité en dehors de la grâce,

Vous ne vous sentirez jamais bien intérieurement

Vous sentirez un fardeau

Vous vous sentirez condamné

Il est impossible d'écouter la vérité en dehors de la grâce (c'est le légalisme) et de grandir. L'autre extrémité : le libertin est celui qui utilise la Grâce sans la vérité ; Celui-ci utilise la grâce…

Comme une licence pour pécher.

Pour garder le statut quo.

Il ne grandit pas et ne veut pas grandir. Il ne veut pas la vérité pour développer des convictions pieuses. Nous lirons dans Colossiens au sujet de la grâce et de la vérité…

L'épître aux Colossiens a été écrite pour défendre la véritable nature de Christ **(100% homme / 100% Dieu).** Ils étaient atteints par le gnosticisme (idéologie niant que Jésus a été fait chair).

« à cause de l'espérance qui vous est réservée dans les cieux, et que la parole de la vérité, la parole de l'Evangile vous a précédemment fait connaître. Il est au milieu de vous, et dans le monde entier ; il porte des fruits, et il va grandissant, comme c'est aussi le cas parmi vous, depuis le jour où vous avez entendu et connu la grâce de Dieu conformément à la vérité, d'après les instructions que vous avez reçues d'Epaphras, notre bien-aimé compagnon de

service, ... » **Colossiens 1 :5-7** « La parole de la vérité; la parole de l'Évangile » Unique dans le Nouveau Testament.

Actes 20 :27 L'Évangile de grâce… Évangile veut dire *« Bonne Nouvelle de Jésus Christ ».* Sans la grâce, ce ne sera jamais une Bonne Nouvelle. **Actes 20 :32** Et maintenant je vous recommande à Dieu et à la parole de sa grâce, à celui qui peut édifier et donner l'héritage avec tous les sanctifiés. Ici, on voit que l'édification ne peut arriver que lorsque la vérité est mariée avec la grâce de Dieu. Nous ne seront pas édifiés si nous prêchons la grâce seulement. Les gens se lanceront dans le péché en pensant que cela est justifié, c'est une pensée déséquilibrée qui ne sera jamais édifiante. Le Processus du verset de **Colossiens 1 :5-7** = Fruit et croissance continuelle qui est le résultat de la grâce et de la vérité de Dieu. *« Porter du fruit »* cela parle de la nature reproductive de l'Évangile de la grâce et de la vérité.

Galates 5 :22-23 L'amour - La joie - La paix - La patience - La bonté – La bienveillance - La fidélité - La douceur - La tempérance (contrôle de soi).

Conclusion

Nous sommes dans une dispensation qui est définie par beaucoup comme la dispensation de la grâce. Donc si cela est le cas et il l'est, la grâce doit être le point de référence pour identifier une église autant qu'un individu.
Il y a l'identité de la grâce, ce qu'elle est et ce qu'elle n'est pas. Elle ne se mérite pas. Elle ne contracte pas de dettes. Elle n'est pas diminuée par notre indignité ou notre état.
En quittant les anciens d'Ephèse, Paul ne les a pas recommandés à l'argent, à la prospérité, aux miracles ou aux dons mais à trois choses :

- **A Dieu**
- **A La parole de la grâce**
- **Et à Jésus Christ.**

Actes 20 : 32 *Et maintenant je vous recommande à* ***Dieu*** *et à* ***la parole de sa grâce, à celui qui peut édifier*** *et* ***donner*** *l'héritage avec tous les sanctifiés.*
Jean 1 : 17 *La grâce et la vérité sont venus par Jésus Christ*
Ici la grâce est associée à la parole. Rejeter la parole c'est mépriser la grâce de Dieu.
Actes 2 : 42 *Ils persévéraient dans l'enseignement des apôtres, dans la communion fraternelle, dans la fraction du pain, et dans les prières.*
Et plus tard dans **Actes 4 : 33** il est dit qu'*une grande grâce reposait sur eux.*
La grâce de Dieu est abondamment disponible pour chaque être humain en particulier : pour être sauvé et pour continuer la marche pour une vie chrétienne épanouie.
C'est le cœur de Dieu ! C'est le cœur de notre père.

Pasteur Bamouni Babou s'est converti en Septembre 1979 à Gagnoa en Côte-d'Ivoire.

De 1985 à 1989, il suit des cours théologiques décentralisés. Dans la même période, il se forme au journalisme à Universalis / Liège-Belgique.

De 1989 à 1990, sa formation théologique se poursuit à l'école Baptiste de Théologie pour l'Afrique Occidentale (EBTAO) à Lomé au Togo. Puis, de retour au Burkina, l'homme de Dieu dirige une église dans la province du Sanguié.
Quelques temps après, étreint par le désir intenable de se former davantage et soucieux de la précision qu'exige la dispensation de la parole de Dieu, il quitte la direction de l'église locale pour se remettre aux pieds du Seigneur à l'Institut Biblique de Lomé (Togo).

Aujourd'hui diplômé de l'Ecole Baptiste de Théologie pour l'Afrique Occidentale, de l'Institut Biblique de Lomé ou il est ordonné par le Ministère Greater Grace World Outreach de Baltimore aux USA, le Pasteur Bamouni expose le cœur de Dieu (la Grâce), avec une compréhension profonde de l'œuvre accomplie de Jésus-Christ. Et des vies sont touchées et transformées par le plein conseil de Dieu qu'il explique avec habileté.

Eglise Evangélique de la Grâce de Ouagadougou – Gounghin

Phone: (00226) 78 81 32 59

E-mail: jbbamouni@hotmail.com

E-mail: jbmouni2003@yahoo.fr

Site Web: www.ggwo-burkina.org

Printed by Books on Demand GmbH, Norderstedt / Germany